AIDE-MÉMOIRE

OU

RÉPERTOIRE ALPHABÉTIQUE

CONTENANT

les principales dispositions du traité du 2 septembre 1864,
et les décisions relatives au service des

TRANSPORTS GÉNÉRAUX

DE LA GUERRE.

Par P. T. LEMAIRE,

Commis second des bureaux de l'Intendance militaire

PARIS

Librairie de la Chirurgie et de la Pharmacie militaires

VICTOR ROZIER, ÉDITEUR

Rue Childebert, 11,

près la place Saint-Germain-des-Prés.

1867

TRANSPORTS GÉNÉRAUX

DE LA

GUERRE.

Nota. Ce travail n'est établi qu'à titre de renseignement
utile à consulter pour faciliter les recherches. Il sera
bon de toujours se reporter au texte même des articles
et décisions auxquels il renvoie après chaque note.

Impr, de Cosse et J. Dumaine, rue Christine, 2.

AIDE-MÉMOIRE

OU

RÉPERTOIRE ALPHABÉTIQUE

CONTENANT

les principales dispositions du traité du 2 septembre 1864,
et des décisions relatives au service des

TRANSPORTS GÉNÉRAUX
DE LA GUERRE.

Par P.-T. LEMAIRE,

Adjudant en second des bureaux de l'Intendance militaire.

———

PARIS

Librairie de la Médecine, de la Chirurgie et de la Pharmacie militaires.

VICTOR ROZIER, ÉDITEUR,

RUE CHILDEBERT, 11.

Près la place Saint-Germain-des-Prés.

———

1864

AVERTISSEMENT.

Les dispositions prescrites pour la bonne exécution du service des transports généraux de la guerre, et le grand nombre de décisions survenues depuis le traité du 2 septembre 1861, disséminées dans plusieurs journaux militaires et même manuscrites, nécessitent souvent de longues recherches, parfois infructueuses, causes d'irrégularités soit au départ, soit à l'arrivée.

C'est pour venir en aide, tant aux fonctionnaires du contrôle qu'aux nombreux comptables de matériel, que j'ai tenté de concentrer dans un seul volume toutes les matières les intéressant.

Afin d'en rendre la recherche facile, je les ai disposées dans l'ordre alphabétique rigoureux ; leur division, qui s'élève à 124 articles, peut encore être multipliée à la volonté de chacun, de manière à pouvoir trouver instantanément, pour quelque cas que ce soit, les dispositions qui s'y rapportent. Il sera facile d'intercaler à chaque page un feuillet de papier blanc qui permettra de le tenir à jour.

Chaque article n'est que l'extrait des décisions mêmes auxquelles il renvoie toujours. Je n'ai donné quelque développement qu'à ceux qui ont rapport aux pièces d'exécution ainsi qu'aux formalités au départ et à l'arrivée. Cet ouvrage est donc essentiellement pratique, et n'a pour but que de faire trouver promptement et facilement les dispositions applicables à chaque cas particulier, et de diminuer ainsi la perte de temps et les irrégularités.

L'Adjudant en second des bureaux
de l'Intendance militaire,

LEMAIRE.

TRANSPORTS GÉNÉRAUX DE LA GUERRE.

RÉPERTOIRE ALPHABÉTIQUE.

Annulation de pièces. — L'annulation est mentionnée sur la souche du registre des pièces d'exécution, et si d'autres pièces doivent remplacer les premières, les deux souches rappellent réciproquement leur n° (art. 10 de l'Instruction).

Appendice. — Quand la lettre de voiture et l'avis d'expédition sont insuffisants pour y détailler le matériel, on y ajoute, *en le fixant solidement*, un appendice D^2 pour les transports ordinaires et D^3 pour les gros bagages de corps. La lettre de voiture n'en doit pas moins porter, en toutes lettres, le poids total de l'expédition (art. 14 de l'Instruction, 19 déc. 1863, p. 393). Voyez *Gros bagages; Pièces à produire.*

— 8 —

Archives. — Voyez *Registre à souche; Registre H; Relevé.*

Armes et munitions de guerre. — La valeur des armes et munitions de guerre, momentanément égarées, est versée par les compagnies, à titre de dépôt de garantie, et leur est remboursée, sauf retenue pour avaries et retards, lorsque les armes, etc. sont retrouvées (art. 38 du Traité).

Explosion. — En cas d'explosion de munitions, voyez *Pertes.* — Voyez *Escorte.*

Arrivée du matériel à destination. — Voyez *Gare; Livraisons partielles; Magasinage; Récépissé.*

Avis d'expédition. — Voyez *Bulletin de réclamation; Destination finale; Expédition outre-mer; Mise en mouvement; Pièces d'exécution; Retard; Transports particuliers.*

Bois. — En cas de transport de bois de charpente et de construction proprement dit, indiquer le cubage sur les pièces d'exécution (Feuille de vérif. du 17 mai 1863).

Remise en gare. — Ce bois doit être remis en gare au départ par l'administration (art. 56, § 5 du Traité). — Voyez *Stère de recette.*

Bois débité. — Pour le transport du bois débité et de construction pour affûts, voitures, etc., l'indication du poids sur les pièces d'exécution suffit, mais il ne faut pas perdre de vue l'art. 58 du Traité, et l'on doit faire scinder les masses indivisibles, de manière que chaque faisceau ou colis ne dépasse jamais 3,000 kilog., poids au-dessus duquel l'administration paie une surtaxe de 50 p. 100 au minimum (Feuille de vérific. du 17 mai 1863).

Bulletin de livraison. — Voyez *Récépissé ; Remise du matériel.*

Bulletin de réclamation et de redressement.

Avis d'expédition. — Les avis d'expédition, non parvenus lors de l'arrivée du matériel, sont réclamés par un bulletin n° 162 *sexiès* de la nomenclature (1er févr. 1862, p. 57).

Lettre de voiture. — La lettre de voiture devant accompagner le matériel, les destinataires doivent refuser les colis présentés sans cette pièce (10 déc. 1861, p. 364), et adresser immédiatement au contrôle local un compte rendu conforme au modèle n° 162 *sexiès* modifié en conséquence. Le

1.

sous-intendant militaire, ou son suppléant,
met le préposé en demeure de représenter
la lettre de voiture et le matériel dans les
48 heures qui suivent cet ordre; une fois ce
délai expiré, que ce titre soit ou non produit, il est passé outre à la réception (Feuille
de vérific. du 5 août 1862).

Pièces défectueuses. — Le sous-intendant militaire du lieu de destination est
spécialement chargé de faire régulariser les
avis défectueux. Quand il constate une er-
reur de vitesse (petite au lieu d'accélérée)
pour les petits colis de 0 à 19 kilog. inclus
(poudre et munitions exceptées), il doit y
faire indiquer la vitesse réglementaire.

Il ne saurait en être de même pour les
colis de 20 kilog. et au-dessus, non plus que
pour les envois de poudre ordonnés à tort
par vitesse accélérée. Du moment que l'ordre
de transport a reçu son exécution, l'expéditeur ne peut modifier l'avis et doit suppor-
ter les conséquences de l'infraction signalée
par la vérification (19 déc. 1863, p. 393).

Ratures, surcharges. — Toutes ratures,
surcharges, etc. doivent être approuvées
par une deuxième signature, soit du sous-
intendant, soit de l'expéditeur, soit du pré-

posé, selon le cas (Feuille de vérific. du 5 mai 1862).

Mode de régularisation. — Pour faire régulariser les pièces défectueuses, le fonctionnaire de l'Intendance les renvoie, avec un bulletin n° 162 *sexiès*, modifié en conséquence (1er fév. 1862, p. 57).

Camionnage et transport à petite distance. — Ils sont exécutés autant que possible par les chevaux et les voitures de l'artillerie lorsqu'il s'agit du transport du matériel de cette arme, et par le train des équipages militaires pour le matériel de tous les services dans les places où il existe des détachements de ce corps (art. 3 et 5 de l'Instruction). — Voyez *Registre H; Transports réservés.*

Canons, caissons, etc. (art. 4 de l'Instruction).

Capsules et étoupilles fulminantes. — Elles sont considérées comme munitions explosibles pour le mode de transport et le tarif (7 sept. 1863, man.).

Changement de destination. — En cas de changement de destination d'un matériel en route, le fonctionnaire chargé du service des transports au lieu où le matériel a pu être arrêté inscrit, sur la lettre de voiture, l'indication de la nouvelle destination, et cette pièce tient lieu dès lors d'un nouvel ordre de transport (art. 20, § 3 de l'Instruction).

Colis (conditionnement des). — Voyez *Emballage; Réserves.*

Comptabilité (pièces de) (art. 64 du Traité). — Voyez *Déchéance; Paiement.*

Contestations. — Voyez *Juridiction.*

Conventions particulières. Voyez *Masses indivisibles.*

Date de départ (art. 20 du Traité et de l'Instruction).

Dates des pièces. — Voyez *Pièces d'exécution.*

Déchéance. Les compagnies encourent la déchéance : 1° pour les dépenses dont les pièces n'ont pas été produites dans les six mois qui suivent le trimestre; 2° pour les articles exclus de la liquidation pour irrégularités, etc., et non reproduits dans un délai de trois mois à partir de la notification de la liquidation (art. 67 du Traité).

Déchets. — Voyez *Pertes.*

Délais d'enlèvement (art. 20, 23 du Traité et Dépêche minist. du 28 fév. 1862).

Délais de transport. — Pour les masses indivisibles trop volumineuses pour être placées sur un ou deux wagons, aucun délai n'est fixé (art. 16 du Traité).

Pour les autres objets, voyez les art. 17, 18, 20 à 31 et 41 du Traité et de l'Instruction. — Voyez *Gare de Charonne; Poudre; Vincennes.*

Demande d'ordres de transport. — Voyez *Mise en mouvement.*

Destination finale. — On doit porter, sur les pièces d'exécution, la destination finale, et non-seulement le lieu d'embarquement ou de transit.

Cette prescription est applicable aux places ci-après :

Romainville,
Noisy,
Faisanderie de Joinville-le-Pont,
La Gravelle,
Rosny,
Nogent,
Capsulerie de Montreuil,
Charenton,

Fort Saint-Denis,
Fort de l'Est.

Pour ces places, l'avis d'expédition doit être adressé au sous-intendant militaire à Vincennes (Feuille de vérific. du 20 juin 1863).

Camp de Chalons. — Le matériel à destination du camp de Châlons doit être expédié directement au camp, et non à Châlons (7 déc. 1860, p. 418).

Expédition au Ministre. — Les avis des expéditions faites au Ministre doivent lui être adressés directement (Feuille de vérific. du 20 juin 1863).

Cette disposition n'est pas applicable aux expéditions faites au comptable du Dépôt des modèles au Ministère de la guerre. Dans ce cas, l'avis est adressé au sous-intendant militaire chargé des transports à Paris (Not. de ce fonction. du 4 janv. 1864).

Dimension des masses indivisibles. — (Art. 16 du Traité.)

Documents à produire. — Voyez *Pièces à produire*.

Douane-Octroi. — (Art. 17 et 41 du Traité).

Duplicata de lettre de voiture. — (Art. 64 de l'Instruction et du Traité). Les duplicata ne peuvent être délivrés que par la liquidation à l'agent général (19 déc. 1863, p. 395 ; Feuille de vérific. du 5 mars 1864).

Effets de harnachement. — Voyez *Harnachement*.

Emballage. — Les emballages, encaissements, etc., ainsi que la pesée dans les magasins, sont faits par les soins et aux frais des expéditeurs (art. 12 du Traité).

Poudre. — Les échantillons de poudre (0 à 80 kilog. poids brut) sont placés par les expéditeurs sous la protection d'une triple enveloppe (art. 50 du Traité). — Voyez *Gros bagages ; Réparations ; Réserves*.

Enlèvement du matériel. — L'enlèvement est fait en magasin ou en gare. V. les 3 1ers §§ du titre : *Livraison*, qui sont applicables à l'enlèvement. — Voyez *Mise en mouvement ; Prise en charge*.

Enregistrement des pièces. — Voyez *Mise en mouvement ; Pièces d'exécution ; Registre H*.

Escorte de poudre, munitions ou armes (art. 45 et 46 du Traité). Les militaires chargés de l'escorte sont transportés gratuitement, aller et retour, en chemin de fer et bateau seulement.

Tout transport de poudre ou de munitions doit, lorsqu'il dépasse 500 kilog. (poids brut), être escorté (29 avril 1862, p. 325).

En cas d'escorte par la troupe de ligne, il n'y est employé que deux hommes, dont l'un doit être caporal ou brigadier (15 juin 1861, p. 696).

ITINÉRAIRE. — Lorsqu'un convoi est escorté, le sous-intendant militaire détermine l'itinéraire à suivre (art. 18 du Traité).

Exclusion. — Voyez *Transports particuliers.*

Exécution du service (moyen d'). — (Art. 6 du Traité.)

Expédition. — Voyez *Mise en mouvement.*

Expéditions outre-mer ou hors du territoire.

1° TRANSPORTS DE L'ÉTAT. — Les pièces d'exécution doivent indiquer (indépendamment de la destination finale) le magasin transitaire chargé de recevoir les colis, d'en donner récépissé quant à leur poids et à l'état extérieur, et d'en effectuer la réexpédition sur leur destination définitive.

AVIS D'EXPÉDITION. FACTURES. RESPONSABILITÉ DU COMPTABLE.— L'avis d'expédition doit être adressé par le sous-intendant militaire du lieu de départ à son collègue de la place d'embarquement ou frontière, avec une ampliation de la facture prescrite par la circulaire du 18 mai 1861. Ces deux pièces sont remises à l'officier comptable du magasin transitaire (26 oct. 1861, p. 319).

Le comptable transitaire n'est responsable, vis-à-vis des expéditeurs, jusqu'au jour de leur mise à bord du bâtiment, etc., que du nombre des colis, et, par suite, il ne doit lui être adressé qu'une facture indiquant le numéro, le poids et la nature des colis (caisse, balle ou tonneau), et il n'a qu'à donner récépissé dans les termes de cette facture, la décharge définitive des expéditeurs n'ayant lieu que par le récépissé du destinataire (Déc. minist. man. du 23 octobre 1862).

MATÉRIEL DESTINÉ AU CORPS EXPÉDITIONNAIRE DU MEXIQUE. — Les expéditions de toute nature à faire au corps expéditionnaire du Mexique sont dirigées sur Saint-

Nazaire, à la consignation de l'officier d'administration de l'habillement et du campement, qui en prend charge et arrête les dispositions nécessaires pour l'embarquement.

Les colis doivent porter l'indication qu'ils sont destinés à être expédiés à la Vera-Cruz ou Tampico, en transit par Saint-Nazaire (Dép. minist. du 7 août 1862). Ils doivent être plombés, et leur poids, ainsi que leur cubage, mentionnés exactement sur les pièces d'exécution (Dép. minist. du 29 juillet 1862).

Les départs des paquebots ayant lieu le 16 de chaque mois, aucune expédition ne doit parvenir à Saint-Nazaire après le 10, pour que tout le matériel puisse être embarqué le 14 (Dép. minist. du 7 août 1862). — Voyez *ci-dessus pour l'envoi de l'avis d'expédition et de la facture sommaire d'expédition.*

RECOMMANDATIONS SPÉCIALES. — Les fonctionnaires de l'Intendance militaire, chargés du service des transports, doivent bien calculer à l'avance, pour l'époque des envois, les délais à accorder à l'entreprise d'après les articles 20 à 23 du Traité pour effectuer les transports, afin que le terme du 10, fixé pour l'arrivée à Saint-Nazaire, soit rigoureusement observé, parce qu'il deviendrait impossible, plus tard, d'aviser en temps utile les destinataires définitifs des envois faits à leur consignation (Déc. minist. du 29 juill. 1862).

2° TRANSPORTS PARTICULIERS. — Les pièces d'exécution relatives aux transports particuliers doivent contenir l'adresse d'un destinataire transitaire, dans le port d'embarquement ou dans la place frontière, à qui l'expédition doit être remise contre le paiement des frais et sur récépissé (26 oct. 1861, p. 319.) — Voyez *Destination finale*.

Expertise (art. 13 et 32 de l'Instruction). — Voyez *Réserves*.

Explosion. — Voyez *Pertes*.

Extrait du registre H. — Voyez *Relevé*.

Factures d'expédition. — Voyez *Expéditions outre-mer*.

Feuilles de vérification. — Les feuilles de vérification de la liquidation doivent lui être renvoyées sans retard, avec les renseignements demandés (19 déc. 1863, p. 401, § 7).

PIÈCES IRRÉGULIÈRES. — Les corps doivent

signaler au fur et à mesure, au moyen d'un bulletin n° 162 *sexiès* modifié en conséquence, les avis d'expédition irréguliers qu'ils reçoivent (1ᵉʳ fév. 1862, p. 57, § 3). — Voyez *Bulletin de réclamation*.

Foins pressés (art. 56, § 4 de l'Instruction). — Voyez *Pièces d'exécution*.

Fonctionnaires ayant qualité pour délivrer les pièces d'exécution (art. 9 du Traité).

Fractionnement des lettres de voiture. — Le fractionnement des lettres de voiture, lorsque l'importance de l'expédition l'exige, est fait par les soins du préposé des transports. Les lettres de voitures partielles sont visées par le fonctionnaire de l'Intendance, mais la lettre de voiture principale sert seule de base à la liquidation (art. 14 du Traité). — Voyez *Livraisons partielles*.

Fractionnement des ordres de transport. — Voyez *Maxima*.

Frais d'emballage. — Voyez *Emballage*.

Frais de pesée des colis.

En magasin. — Les frais de pesée en magasin sont au compte des expéditeurs.

En gare. — Les pesées faites en gare sont effectuées gratuitement (art. 12 du Traité).

Les corps sont autorisés à louer des instruments de pesage chaque fois qu'ils en ont besoin. La dépense est ordonnée par l'Intendance, sur l'article du budget : *Transports directs* (21 déc. 1861, p. 381).

Frais d'expertise. — Voyez *Réserves*.

Gare (remise ou réception en) (art. 3 du Traité).

Mention a porter sur les pièces. — Indiquer très-exactement sur les pièces d'exécution si, au départ ou à l'arrivée, le matériel a été remis ou reçu en gare (art. 14 et 20 de l'Instruction).

Formalités au départ. — La reconnaissance du matériel et toutes les opérations mentionnées aux articles 13, 32 et 33 du Traité, s'effectuent en gare. A cet effet, le sous-intendant militaire de la place du départ, en remettant au préposé les pièces d'exécution, lui fait connaître les jour et heure de la remise en gare. Celui-ci doit y assister pour signer la prise en charge (voyez *Préposé*) sur l'avis d'expédition qu'il remet à l'expéditeur, convoqué à cet effet par le sous-intendant (26 oct. 1861, p. 317).

Pour la date à mettre dans ce cas sur la lettre de voiture et sur l'ordre, voyez *Pièces d'exécution*.

FORMALITÉS A L'ARRIVÉE. — A l'arrivée à la gare de destination, le préposé des transports informe le fonctionnaire de l'Intendance chargé du service auquel appartient l'expédition. Ce fonctionnaire donne au comptable les ordres nécessaires pour la reconnaissance et l'enlèvement des colis, dont le récépissé doit être délivré en gare avant l'enlèvement (26 oct. 1861, p. 317). — Voyez *Bois*; *Livraisons partielles*; *Transports particuliers*.

Gare de Charonne. — L'administration de la guerre a le droit de se servir de la gare de Charonne pour toutes les expéditions en destination ou en provenance de Vincennes, mais il est ajouté aux délais de transport, par application de l'art. 22 du Traité, un jour en vitesse accélérée et deux jours en vitesse ordinaire pour le trajet et la transmission du matériel.

Cette disposition n'a pas pour effet d'accroître les délais fixés par l'art. 23 pour le camionnage entre Vincennes et Paris, ni d'augmenter les prix stipulés par l'art. 57, dans le cas où le Conseil d'Etat trancherait négativement la question de gratuité sur le chemin de ceinture (Dép. minist. du 28 février 1862).

Grande vitesse. — Voyez les mentions à porter sur les pièces d'exécution, au titre : *Vitesse*.

Gros bagages.

Troupes voyageant en chemin de fer. — Les corps changeant de garnison emportent tous leurs gros bagages si le changement s'effectue pour tout le parcours en chemin de fer ; dans le cas où tout le trajet ne peut s'effectuer par voies ferrées, ils sont remis aux transports de la guerre (Déc. minist. man. du 15 mai 1862).

Tarif. — Le tarif du poids à allouer se trouve : 2e sem. 1855, p. 471 ; 12 déc. 1860, p. 427 ; 2 mars 1864, p. 131, et 18 avril 1864, p. 189.

Pièces d'exécution. — Les pièces d'exécution à établir sont les mêmes que pour le matériel ordinaire, mais l'appendice 161 *quater* doit être établi en trois expéditions :

Une pour le corps ;

Une jointe à la lettre de voiture;

Une annexée à l'avis d'expédition (Feuille de vérific. du 23 juill. 1862).

Il importe que MM. les sous-intendants chargés de la surveillance administrative des corps, ou fractions de corps appelés à voyager, assurent en temps utile l'exécution de cette prescription (19 déc. 1863, p. 393).

AVIS D'EXPÉDITION. — Lorsqu'un corps est en même temps expéditeur et destinataire, voyez pour une mention à porter sur l'avis et pour une pièce à établir : *Pièces d'exécution.*

APPENDICE. — La deuxième partie de l'appendice doit être vérifiée et arrêtée *ne varietur* par le sous-intendant militaire chargé de la surveillance administrative, et non par son suppléant légal. Lorsque ce fonctionnaire est avisé du prochain mouvement de corps ou de détachements dont la police administrative lui est confiée, il doit prendre les dispositions nécessaires pour assurer l'exécution de la dépêche ministérielle du 29 juill. 1862, et l'ordre de transport ne peut être délivré que sur la production des trois expéditions de l'appendice régulièrement établi.

Quant à la première partie de cet appendice, elle doit indiquer clairement et par catégorie, le poids brut de chaque colis et le nombre par espèce des objets y contenus (19 déc. 1863, p. 393).

Encaissement exceptionnel. — Matériel fixe. — Conformément à l'annotation portée au tarif de 1855, les effets ne doivent être encaissés qu'exceptionnellement. Malgré cette recommandation, les corps ont une tendance abusive à faire le contraire et à emporter le matériel fixe ; il importe d'autant plus de mettre ordre à cet état de choses que le Ministre tient à ce que lès tarifs soient appliqués à la lettre. MM. les sous-intendants militaires ne sauraient trop surveiller cette partie essentielle du service. des transports qui laisse trop à désirer (19 déc. 1863, p. 393).

Harnachement (effets de). — Les effets de harnachement prêtés par les établissements de remonte aux détachements régimentaires, sont renvoyés à ces établissements par les transports de la guerre, petite vitesse. La vitesse accélérée ne peut être employée que pour les envois au-dessous de 20 kilogrammes (13 mai 1863, p. 249 ; 19 déc. 1863, p. 393).

Impossibilité de faire un transport (art. 30 et 31 du Traité).

Imprimés. — Les imprimés nécessaires à l'exécution du service, sauf ceux pour la comptabilité des compagnies, sont fournis par la guerre et compris sur les demandes ordinaires d'imprimés (art. **71** de l'Instruction et du Traité).

Inscription des expéditions au départ et à l'arrivée. — Voyez *Mise en mouvement ; Pièces d'exécution ; Registre H.*

Itinéraires. — Les compagnies sont libres dans le choix de l'itinéraire à suivre, en se renfermant dans les délais fixés par l'art. 21. La dépense n'est toutefois payée que sur les bases des prescriptions de l'ordre et le tableau annexé au traité (art. **18** du Traité).

Itinéraires spéciaux. — Dans des cas exceptionnels et graves, tels que troubles intérieurs, émeutes, inondations, etc., le fonctionnaire qui délivre l'ordre peut, à la condition d'en rendre directement compte au Ministre, interdire certains itinéraires, ou même en prescrire un spécial qui devient obligatoire et sert de base au décompte (art. 18 du Traité et de l'Instruction). — Voyez *Escorte*.

Juridiction. — Toutes les contestations qui peuvent survenir dans l'exécution ou l'interprétation du traité, sont décidées administrativement par les Ministres compétents, sauf recours au Conseil d'État (art. 73 du Traité).

Lettre de voiture. — Voyez *Pièces d'exécution*.

Limitation des quantités à enlever ou à livrer chaque jour (art. 24 à 29 du Traité et de l'Instruction).—Voyez *Maxima; Transports réservés*.

Limite maxima du poids des masses indivisibles. — Voyez *Masses indivisibles*.

Liquidation (art. 5, 6, 13 à 16, 18, 19, 33 à 36, 38, 40 à 42, 47, 50, 54 à 73 du Traité et de l'Instruction). — Voyez *Poudre*.

Lits militaires. — Les fonctionnaires de l'Intendance n'ont pas le droit d'user, sans ordre ministériel et sans avis préalable donné à l'agence par le Ministre, de la faculté réservée de faire expédier le matériel de la compagnie Chambry par les transports généraux (6 juill. 1861 ; 19 déc. 1863, p. 400, § 6°) (1).

Les châlits seuls sont transportés par ce moyen (même circulaire).

Livraison du matériel. — La livraison du matériel est faite au rez-de-chaussée et à la porte des magasins.

Si les lieux le permettent, les transporteurs doivent, s'ils en sont requis, faire entrer les voitures dans les cours des établissements et dans les magasins.

En cas de transports à destination ou en provenance de forts ou lieux inaccessibles aux voitures ou mulets, l'autorité militaire ou maritime fait prendre ou remettre à ses frais le matériel au point où les voitures ou mulets peuvent arriver. Toutefois, les compagnies peuvent être requises de faire ce transport, moyennant un supplément de 5 p. 100 (art. 15 du Traité). — Voyez *Bulletin de réclamation ; Remise.*

---

(1) Le matériel de literie existant en Savoie, appartient à la Compagnie Chambry (19 déc. 1863).

Livraisons partielles. — Si le poids du matériel arrivé en gare est supérieur aux quantités fixées pour cette gare, et si les compagnies déclarent l'impossibilité d'augmenter leurs moyens de livraison, le préposé notifie à l'autorité compétente l'arrivée en gare et fait connaître, autant que possible, le poids qu'il peut remettre chaque jour à destination.

RÉCÉPISSÉ. — Le récépissé mentionne la date d'arrivée et celle de livraison ; le sous-intendant militaire certifie que, dans l'intervalle de ces deux dates, le travail journalier a atteint le maximum obligatoire (art. 28 du Traité et de l'Instruction). — Voyez *Transports réservés*.

Locaux à fournir. — Quand les expéditions de poudre ont un parcours de terre qui oblige les compagnies à diviser l'envoi, l'autorité militaire doit, sur la demande qui lui en est faite, fournir des locaux où ces poudres sont déposées jusqu'à leur enlèvement, et prendre toutes les mesures qu'elle juge nécessaires pour la sûreté du chargement (30 sept. 1861, p. 314).— Voyez *Magasinage; Maxima*.

Magasinage au compte de la guerre

2.

(art. 42 et 59 du Traité). — Voyez *Maxima.*

Marchés spéciaux et d'urgence (art. 31 et 70 du Traité.)

Masses indivisibles.

POIDS MAXIMA. — Le poids de chaque colis ne peut excéder :

75 kilog. si tout ou partie du trajet doit être fait à dos de mulet ;

2,000 kilog. par roulage ;

3,000 kilog. par voie de fer ou d'eau.

SURTAXE. — Toutefois les masses de 3,000 à 8,000 kilog. sont transportées, par voie de fer ou eau, aux prix fixés par l'art. 58 du Traité (50 p. 100 de surtaxe).

CONVENTIONS PARTICULIÈRES. — Au-dessus de 8,000 kilog. par voie de fer ou eau, et de 2,000 kilog. par roulage, le transport donne lieu à des conventions particulières.

EXCEPTIONS POUR CERTAINES GARES. — Les compagnies acceptent le transport des masses indivisibles de 8,000 à 24,000 kilog. qui leur sont remises dans les gares de départ ci-après et en destination de ces mêmes gares, savoir : Paris, Châlons-sur-Saône, Lyon, Rive-de-Giers, Nevers, le Havre, Nantes, Bordeaux, Marseille, Toulon, Rochefort, Lorient, Brest, Cherbourg (art. 16 du Traité).

DIMENSIONS. — Pour les dimensions des masses indivisibles, voyez ce même art. 16.

CABLES-CHAÎNES. — Les câbles-chaînes d'un poids inférieur à 8,000 kilog. ne sont pas considérés comme masses indivisibles (art. 58 du Traité).

Matériel perdu et retrouvé. — (6° § de la Circulaire du 1ᵉʳ fév. 1862, p. 57.)

Matières explosibles. — Voyez *Poudre*.

Maxima de poids à enlever ou à livrer dans les vingt-quatre heures (art. 24 à 29 du Traité et de l'Instruction).

FRACTIONNEMENT DES ORDRES DE TRANSPORT. — Pour éviter des confusions, chaque ordre de transport (ainsi que les pièces y annexées) n'est délivré que pour la quantité du matériel susceptible d'être enlevée dans la journée. D'autres pièces sont établies pour le jour suivant et ainsi de suite jusqu'à la complète expédition du matériel (art. 24, 25, 27 et 71 de l'Instruction) (1).

----

(1) Les transports particuliers sont compris dans le maxima (Art. 29 du traité).

Poudre. — Locaux. — En outre, pour la poudre ou les munitions, si sur le parcours on emploie en tout ou partie la voie de terre, le poids maxima à transporter par cette voie (5,000 kilog. roulage accéléré, 20,000 kilog. roulage ordinaire) sera seul mis en route le même jour, de manière à éviter la fourniture de locaux prescrite par l'art. 52 du Traité (30 sept. 1861, p. 314). — Voyez *Poudre; Transports réservés*.

Mise en mouvement.

Pièces a établir. — Pour l'envoi d'un matériel, il doit être procédé de la manière suivante :

L'expéditeur établit et remet au sous-intendant militaire une demande d'imprimés n° 162 *bis* ou 162 *ter*.

A la réception de cette demande et après avoir reconnu sa régularité, le fonctionnaire de l'Intendance détache de la souche, sans séparer ces pièces les unes des autres, l'avis d'expédition, la lettre de voiture et l'ordre de transport, les confie au comptable expéditeur, qui les remplit (1),

____

(1) Pour les indications à y ajouter, voyez *Pièces d'exécution*.

les signe et les retourne au sous-intendant.

Souche. Date. Signature. Enregistrement. — Ce fonctionnaire remplit la souche
du registre, date et signe ces trois pièces,
les remet au préposé des transports, qui en
donne reçu sur la souche (1) et se concerte
avec l'expéditeur pour la reconnaissance et
l'enlèvement du matériel dont il donne récépissé sur la lettre de voiture et l'avis
d'expédition. Cet avis est laissé par le préposé à l'expéditeur; celui-ci le remet aussi-
tôt au sous-intendant militaire, qui l'adresse
à son collègue du lieu de destination, après
avoir enregistré l'expédition sur son registre H (art. 10 de l'Instruct.; 26 oct. 1861,
p. 317). — Voyez *Préposé; Prise en charge.*

Moyens d'exécution du service (art. 6 du
Traité).

Objets sujets à surtaxe. — Voyez *Bois;
Pièces d'exécution.*

Ordre de transport. — Voyez *Pièces
d'exécution.*

---

(1) Tout ordre dont le préposé a donné reçu
engage les compagnies (Art. 27 du traité).

Paiement des transports (art. 65 et 66 du Traité). — Voyez *Déchéance; Transports particuliers.*

Pénalités. — Voyez *Retard.*

Pertes ou avaries. — En dehors du cas de réquisition d'urgence du sous-intendant militaire (voyez *Réserves*) de passer outre à l'enlèvement, dans le cas de réserves pour défaut dans l'emballage, les compagnies ne peuvent prétexter du mauvais conditionnement extérieur des colis (art. 13 du Traité), et sont responsables des pertes et avaries survenues dans le matériel dont elles ont pris charge (art. 14, 32 à 39 du Traité).

Procès-verbal en quatre expéditions. — En cas d'avaries ou de déficits, il est procédé le plus promptement possible à la vérification du matériel en présence du préposé ou de son représentant, et en son absence s'il ne se présente ou ne se fait représenter au jour indiqué. Un procès-verbal modèle n° 162 est dressé en quatre expéditions par le sous-intendant militaire ou son suppléant légal (art. 32 du Traité et de l'Instruction).

Renseignements a y apporter. — Pour les renseignements à y apporter, consultez l'art. 32 de l'Instruction, les art. 32 à 38 du Traité et la Circulaire du 19 décembre 1863, p. 399.

Destination a leur donner. — Deux expéditions du procès-verbal sont envoyées avec l'avis d'expédition accompagnant la deuxième partie du relevé mensuel (Déc. minist. man. du 19 juill. 1862).

La minute reste aux archives du sous-intendant, qui doit homologuer le procès-verbal quand il a été établi par un suppléant légal. La quatrième expédition est destinée au comptable réceptionnaire (Notes inscrites sur l'imprimé du procès-verbal).

Procès-verbal distinct par expédition. — Il est établi un procès-verbal distinct pour chaque expédition (Dép. de l'int. milit. de la 1re divis., du 1er janv. 1862).

Déchets naturels. — Il n'y a pas lieu d'établir de procès-verbal pour les déchets naturels n'incombant pas au transporteur (Déc. minist. man. du 19 juill. 1862).

Matériel perdu et retrouvé. — Pour un matériel perdu et retrouvé, voyez le 6e § de la Circulaire du 1er fév. 1862, p. 57, modifiant les art. 32 de l'Instr. et 40 du Traité.

Procès-verbaux irréguliers. — MM. les intendants divisionnaires font régulariser les procès-verbaux comme les avis défectueux, réclament ceux manquant, enfin font compléter les relevés mensuels avant de les transmettre à la liquidation (Déc. minist. du 19 juill. 1862, consignée dans une feuille de vérification du 23 du même mois).

Explosion de munitions. — En cas d'explosion de munitions, les compagnies ne sont pas responsables, à moins de faute ou négligence de leurs agents (art. 54 du Traité). — Voyez *Armes ; Tarif de remboursement.*

Pesée. — Voyez *Frais de pesée.*

Pièces à produire.

Le 1er de chaque mois. — Le premier jour de chaque mois, les chefs de corps, de détachement ou d'établissement militaire adressent, pour le mois expiré, au sous-intendant militaire de l'arrondissement administratif, un relevé de leur registre (164 *quater*) appuyé de tous les avis relatifs aux expéditions arrivées à destination. Ces relevés, certifiés par les conseils d'administration ou le comptable, sont visés par le suppléant légal (art. 64 de l'Instruction).

AVANT LE 10. — Avant le 10 de chaque mois (1er fév. 1862, p. 57) le sous-intendant militaire de l'arrondissement administratif (1), après avoir vérifié les relevés de son arrondissement, relate sur son registre les faits accomplis hors de sa résidence, et établit, pour tout son arrondissement, un relevé général qu'il adresse à l'intendant de la division, accompagné :

AVIS D'EXPÉDITION. — 1° Des avis relatifs aux expéditions arrivées à destination pendant le mois précédent ;

PROCÈS-VERBAUX. — 2° De deux expéditions des procès-verbaux de pertes et avaries (19 juill. 1862) ;

APPENDICE. — 3° D'une expédition de l'appendice pour les gros bagages ou pour les transports ordinaires quand il a dû être employé (Feuille de vérific. du 23 juill. 1862 ; 10 déc. 1863, p. 393) (2).

---

(1) Voyez 20 nov. 1861, p. 339, pour les localités où il y a plusieurs sous-intendants.

(2) L'appendice pour les gros bagages doit être accompagné de celui dont le modèle se trouve à la page 397 du *Journal militaire,* 2e sem., 1863.

Avant le 20 du mois. — L'intendant militaire vise et transmet ces pièces à son collègue de la première division, avant le 20 de chaque mois (Notes sur la feuille de tête du registre H; art. 61 et 71 de l'Instruction; 1er fév. 1862, p. 57). — Voyez *Pertes*; *Registre H*.

Pièces à remettre. — Voyez *Mise en mouvement*; *Pertes*; *Pièces d'exécution* au § 3° *Avis d'expédition*; *Récépissé*.

Pièces d'exécution.

1° Ordre de transport. — Les fonctionnaires désignés à l'art. 9 du Traité, ont seuls qualité pour délivrer l'ordre de transport et les autres pièces d'exécution.

Délivrance de l'ordre. — L'ordre ne doit être délivré que lorsque le matériel est prêt à être enlevé (art. 10 du Traité; 26 oct. 1861, p. 317).

Renseignements a porter. — Il doit préciser la nature et la quantité du matériel, le nombre, le poids (en kilogrammes et non en quintaux métriques. Feuille de vérific. du 5 mai 1862), les marques, l'espèce et le contenu sommaire des colis; il indique la vitesse à employer pour chaque mode de transport (art. 10 du Traité).

Couleur du papier. — L'ordre relatif au transport des effets des officiers et des draps renvoyés en fabrique doit seul être établi sur papier jaune. Les effets envoyés à la gendarmerie (voyez *Transports remboursables*) font partie des transports ordinaires (Lettre de l'intend. de la 1re divis. du 1er janv. 1862). — Voyez *Changement de destination; Destination finale; Maxima; Poudre; Transports particuliers; Transports remboursables.*

2° Lettre de voiture; Indications a y porter. — La lettre de voiture doit indiquer :

Premièrement, le poids brut de chaque colis (en kilogrammes et non en quintaux, comme il est dit ci-dessus pour l'ordre), ainsi que le nombre et l'espèce des objets y contenus.

Surtaxe.

Deuxièmement, la densité des objets sujets à surtaxe (1).

Ces objets sont (Dép. minist. du 28 fév. 1862) :

---

(1) Une signature spéciale du sous-intendant doit justifier la densité (Art. 56 de l'instruction).

1° Foins pressés qui, sous le volume d'un mètre cube, ne pèseraient pas 160 kilog.;

2° Foins non-pressés;

3° Pailles de toutes espèces, ne pesant pas 160 kilog. par mètre cube;

4° Objets qui, sous le même volume, ne pèseraient pas 200 kilog., savoir : sons, fleurages, graines de foin ;

5° Ustensiles du service des subsistances : blutoirs, cribles, trémies, pétrins vides, fours portatifs montés, hache-paille, coupe-racine ;

6° Ustensiles des autres services : baignoires, chaudières en cuivre, tôle ou zinc;

7° Chevaux classiques et autres pièces anatomiques du docteur Auzoux ;

8° Caisses vides non démontées (à l'exception des caisses d'armes et de celles de munitions), coffres, tonneaux et barils de toutes espèces non démontés, paniers et mannes.

Responsabilité pour l'expéditeur.

Nota. Lorsque pour le foin et la paille pressés la densité est inférieure à 160 kilog., et à 200 kilog. pour le son, le fleurage et la graine de foin, la responsabilité des comptables expéditeurs est engagée (Circul. des 3 juin et 19 juill. 1862).

Troisièmement, le poids distinct des matières et objets transportés à des prix différents.

Ces objets sont :

1° Poudre et munitions explosibles (pour lesquelles il doit être fait des pièces distinctes, voyez *Poudre*);

2° Matériel roulant (art. 56, § 2° du Traité);

3° Objets sujets à surtaxe ;

4° Boulets, bombes, obus non chargés, canons en fonte de fer, fers en barre et fers cornières, fontes brutes, ferrailles et tôles brutes, câbles-chaînes, plaques pour cuirasse de navire (art. 56, § 4°);

5° Bois de charpente et de construction proprement dit (art. 56, § 5°) ;

6° Masses indivisibles de plus de 3,000 k. (art. 58 du Traité). Voyez *Conventions particulières*.

Nota. Les câbles-chaînes d'un poids inférieur à 8,000 kilog. ne sont pas considérés comme masse indivisible, mais ils font partie du § 4° qui précède.

CAISSES VIDES.

Quatrièmement, le poids des caisses vides et leur nature : caisses d'armes, de munitions ou d'habillement (19 déc. 1863, p. 393).

Date de la lettre de voiture. — La lettre de voiture doit être invariablement datée du lendemain de l'ordre de transport (1).

En cas de remise en gare au départ. — Quand la remise du matériel se fait en gare, la lettre de voiture est datée du jour de la remise du matériel, et l'ordre l'est de la veille, pour ne pas déroger au principe qui précède (26 oct. 1861, p. 317; 19 déc. 1863, p. 395).

Mention spéciale. — En cas de transports au-dessus du maxima journalier, faits par les moyens militaires conformément à l'article 26 du Traité (voyez *Transports réservés*), mention de cette circonstance est faite sur la lettre de voiture et sur le récépissé (article 26, § 2 du Traité). Voyez *Appendice; Bulletin de réclamation; Destination finale; Gare; Gros bagages; Récépissé; Réserves; Retard; Visa.*

3° Avis d'expédition. — L'avis d'expédition doit être la reproduction exacte de la

---

(1) Toutes les pièces d'exécution sont datées par le contrôle local, avant leur remise au préposé (19 déc. 1863, p. 393).

lettre de voiture; il y a donc lieu d'y ajouter un appendice modèle D² comme à la lettre de voiture, toutes les fois que l'imprimé est insuffisant (Déc. du 17 sept. 1862; 19 déc. 1863, p. 393). Voyez *Appendice; Destination finale; Mise en mouvement.*

INSCRIPTION SUR LE REGISTRE H. — DESTINATION A DONNER. — Lorsque l'avis adressé par le sous-intendant du point de départ parvient au sous-intendant du point de destination, il l'inscrit sur son registre H, y consigne le n° d'enregistrement et le transmet au destinataire qui le conserve jusqu'à l'arrivée du matériel. Celui-ci remplit alors le verso, en mentionnant si le service a ou n'a pas souffert du retard (1) et le soumet, dans les vingt-quatre heures, avec la lettre de voiture, au visa du sous-intendant qui le lui renvoie après cette formalité pour être mis à l'appui du relevé mensuel (art. 61 de l'Instruction; 10 déc. 1861, p. 364).

La lettre de voiture, visée par le sous-intendant, doit être remise sans retard au préposé (10 déc. 1861, p. 364).

---

(1) Voir à la page ci-après une note ayant trait à cette mention.

Mention spéciale. Pièces a établir. — Quand un corps est en même temps expéditeur et destinataire, il est indispensable d'indiquer, sur l'avis d'expédition, si l'envoi a ou n'a pas lieu par suite de mouvement de troupes; dans l'affirmative, cet avis doit être accompagné d'un appendice dont le modèle se trouve à la page 397 du *Journal militaire*, 2e semestre, 1863, qui doit être ajouté à la main en tête de l'appendice D³, en attendant l'épuisement de l'imprimé actuel 161 *quater* (19 déc. 1863, p. 393).

Retard. — La mention à porter lors de la réception, si le service a ou n'a pas souffert du retard, ne nécessite pas de s'assurer si les délais de transport ont ou non été dépassés, cette certification n'étant donnée que sur la demande de l'entreprise intéressée (31 oct. 1862 man.).

Prise en charge. — La date de la prise en charge portée (par le contrôle local) sur l'avis d'expédition, doit être celle de la lettre de voiture (19 déc. 1863, p. 393). — Voyez *Bulletin de réclamation*.

Poids à transporter en un jour. — Voyez *Maxima*.

Poids maxima des colis. — Voyez *Masses indivisibles.*

Poudre. — (Art. 43 à 54 du Traité et règlement du 15 fév. 1861 y annexé.)

RECOMMANDATIONS. — Pour le poids à transporter de manière à favoriser l'intérêt du Trésor, observer que jusqu'à 80 kilog. on ne paie, sur le chemin de fer, que 0 f. 10 par kilom., et que pour 81 kilog. jusqu'à 3,125 on paie 0 f. 50 également par kilom.; de 3,126 à 5,000 (1 wagon) 0 f. 46 par tonne et par kilom.; de 5,001 à 6,250 (sur 2 wagons) 1 fr. par kilom.; de 6,251 et au-dessus 0 f. 16 par tonne et par kilom. (21 mai 1863, p. 258).

ORDRE MINISTÉRIEL SPÉCIAL POUR LES EXPÉDITIONS ENTRE 80 ET 320 KILOGR. — Il est interdit aux expéditeurs de faire, sans un ordre spécial du Ministre, des envois de munitions dont le poids brut serait compris entre 80 et 320 kilog.

Les corps de troupes et les établissements militaires doivent, en conséquence, établir leur demande d'approvisionnement en poudre et en munitions de telle manière que le poids de chaque expédition partielle soit supérieur à 320 kilog.

3.

On rappelle, à ce sujet, qu'un baril de 50 kilog. de poudre pèse brut 75 kilog.; qu'un baril de cartouches de même dimension pèse brut 115 à 150 kilog., suivant l'espèce de cartouches qu'il renferme. Ce baril contient environ 3,000 cartouches.

Si, contrairement aux prescriptions indiquées ci-dessus, les directeurs ou commandants d'artillerie recevaient des demandes de poudre ou de munitions dont les poids ne dépasseraient pas la limite indiquée, ils devraient, avant d'y donner suite, sauf le cas d'urgence, en référer au Ministre (2 septembre 1863, p. 166).

ORDRES DISTINCTS. — Les transports de poudre et de projectiles chargés doivent être l'objet d'ordres distincts, dans lesquels aucun autre objet du matériel de l'artillerie ou de tout autre service ne doit être compris (10 déc. 1861, p. 365).

On doit porter séparément et exactement le poids net de ces objets (poudres et projectiles chargés), auxquels le tarif des poudres doit seul être appliqué, le récipient devant être taxé au prix du matériel ordinaire (art. 56 de l'instruction).

DÉLAIS RÉDUITS. — PRIX EN RÉSULTANT. —

Lorsque des expéditions de poudre, ordonnées d'urgence, doivent parvenir à destination dans un bref délai, l'administration peut réduire les délais d'enlèvement, de camionnage, de changement de voie et de remise à destination, en appliquant les délais stipulés pour ces diverses opérations quand il s'agit de transport à vitesse accélérée, mais en payant le prix du camionnage accéléré, c'est-à-dire le double du prix ordinaire (Dép. min. du 28 fév. 1862). — Voyez *Armes; Capsules; Emballage; Escorte; Maxima; Perte; Vitesse.*

Préposé. — Le préposé des transports peut se faire suppléer dans toutes ses opérations, par un ou plusieurs employés accrédités auprès du sous-intendant militaire, chargé du service des transports (26 oct. 1861, p. 317).

Prise en charge. — La remise du matériel au départ est faite par l'expéditeur au préposé. (Voyez *Préposé*.) Il est procédé contradictoirement à la constatation du poids comme à la reconnaissance du matériel et des colis.

Le préposé en prend charge sur la lettre

de voiture et sur l'avis d'expédition (art. 14 du Traité).

La prise en charge a lieu à la date de la lettre de voiture (19 déc. 1863, p. 393). — Voyez *Mise en mouvement*).

Prix de transports (art. 5, 6, 15, 16, 50, 55 et 59 du Traité).

Pour les transports à faire sur les chemins de fer appartenant à des compagnies étrangères au traité, ils le sont aux prix et conditions des tarifs particuliers à chacune de ces compagnies, sans aucun droit de commission (art. 5 du Traité).

Lorsque la distance par voie de fer donne, pour le transport, un prix supérieur à celui qui résulterait de l'application du prix de la voie de terre entre les deux points à desservir, les prix et conditions appliqués sont ceux de la voie de terre, les compagnies restant libres de faire le transport comme elles l'entendent (art. 6 du Traité). — Voyez *Poudre; Surtaxe*.

Procès-verbaux. — Voyez *Pertes; Réserves*.

Procès-verbaux irréguliers. — Voyez *Pertes*.

Ratures, surcharges. — Voyez *Bulletin de réclamation.*

Récépissé. — DES PIÈCES D'EXÉCUTION ET DU MATÉRIEL AU DÉPART. — Voyez *Mise en mouvement.*

DU MATÉRIEL A L'ARRIVÉE (art. 32 du Traité et de l'Instruction).

La lettre de voiture contenant récépissé du destinataire, visée par le sous-intendant, est remise sans retard au préposé en échange du bulletin de livraison qui doit être conservé dans les archives du sous-intendant militaire (10 déc. 1861, p. 365 ; feuille de vérific. du 5 août 1862). — Voyez *Livraisons partielles ; Remise du matériel ; Transports réservés ; Visa.*

Réclamations des compagnies contre la liquidation (art. 68 du Traité).

Reconnaissance du matériel. — AU DÉPART. — Voyez *Prise en charge.*

A L'ARRIVÉE (art. 32 du Traité et de l'Instruction). — Voyez *Pertes.*

Refus du matériel. — Les comptables destinataires doivent refuser tout matériel non accompagné de la lettre de voiture

(10 déc. 1861, p. 364). — Voyez *Bulletin de réclamation*.

Registre à souche. — Le registre à souche, formé des imprimés B, C, D et D¹, (ordre de transport, lettre de voiture, avis d'expédition et talon), est renouvelé aussi souvent que les besoins l'exigent (art. 71 de l'Instruction).

Il doit être utilisé complétement et n'être versé aux archives que lorsqu'il est entièrement rempli. Il suffit de renouveler par année la série de numéros d'ordre des pièces d'exécution qui doit être annuelle (Lettre de l'intendant de la 1ʳᵉ division du 1ᵉʳ janv. 1862).

Il doit être conservé dans les archives pendant quatre ans (art. 71 de l'Instruction).

Registre H. — Ce registre, destiné à l'enregistrement des expéditions au départ et à l'arrivée, est tenu par les sous-intendants militaires, leurs suppléants légaux, les officiers d'habillement des corps et par tous les comptables du matériel (art. 64 de l'Instruction).

Il est divisé en deux parties. (Voyez les

notes à consulter pour sa tenue, sur la
feuille de tête de ce registre.)

Il est annuel (Déc. min. du 30 déc. 1861).

Il est visé chaque mois par le sous-intendant à qui il est produit par les corps et
établissements, en même temps que l'extrait mensuel (20 nov. 1861, p. 339).

Inscriptions a y faire. — Tout transport
ordonné sur formule bleue doit être inscrit
au départ comme à l'arrivée sur le registre H
(Dép. de l'intendant de la 1re division, du
1.er janv. 1862).

Camionnage. — La colonne 10 est parta-
gée en deux parties égales, présentant, par
les lettres G (gare) ou M (Magasin), l'une le
mode de camionnage prescrit pour l'enlèvement, l'autre celui prescrit pour la livraison des colis (Dép. man. du 7 avril 1862).

Observations. — Il importe de ne pas
omettre les renseignements demandés par
le nota de la colonne d'observations, la
liquidation ayant besoin de trouver aux arrivées à destination (relevé 2e partie) l'his-
torique complet de l'expédition à contrôler
au point de vue de la dépense (feuille de
vérific. du 21 août 1862).

Archives. — Le 1er janvier de chaque année, le registre H, tenu par les suppléants légaux, est arrêté et envoyé par eux, avec le talon des ordres de transport délivrés par leurs soins pendant l'année expirée, au sous-intendant militaire de l'arrondissement administratif, qui annexe ces documents aux siens, les conserve pendant quatre ans au moins de manière à pouvoir les consulter utilement et les communiquer au besoin à qui de droit (§ 8 des notes à consulter; art. 71 de l'Instruction).

Ceux des corps sont conservés par eux (20 nov. 1861, p. 339).

Relevé du registre H. — (§§ 6 et 7 des notes à consulter, inscrites sur la feuille de tête n° 164 *quater*.)

Les corps changeant de garnison dans le cours d'un mois doivent produire ce relevé avant leur départ, et faire arrêter leur registre H par le sous-intendant (20 nov. 1861, p. 339).

Archives. — Les relevés mensuels sont conservés dans les archives du sous-intendant (art. 71 de l'Instruction).

Remise du matériel. — Au départ. — Voyez *Gare ; Prise en charge.*

A L'ARRIVÉE. — La remise du matériel à destination a lieu contre récépissé sur la lettre de voiture qui reste entre les mains du destinataire, chargé de la faire viser ; celui-ci remet au préposé un bulletin de livraison qu'il conserve jusqu'à ce que la lettre de voiture lui soit rendue en échange (modèle joint à la feuille de vérific. du 5 août 1862). — Voyez *Livraison ; Retard ; Vitesse.*

Réparations. — MUNITIONS. — Si dans le cours du transport, il est reconnu que l'emballage des poudres et munitions a souffert, il est procédé au reconditionnement par les compagnies, après constatation, par l'autorité locale, de la nécessité du travail (art. 47 du Traité).

Répétition contre les compagnies. — Sauf en cas d'erreurs matérielles dans les calculs et de redressements qui pourraient être demandés par la Cour des comptes, les Ministres n'exercent aucune répétition, pour quelque cause que ce soit, contre les compagnies à l'occasion des transports dont la liquidation a eu lieu (art. 69 du Traité).

Réquisition. — Voyez *Livraison ; Réserves ; Transports réservés.*

Réserves. — EMBALLAGE. — En cas de contestation sur l'état du conditionnement des colis, le sous-intendant militaire, lorsqu'il est bien convaincu que l'emballage ne laisse rien à désirer, fait procéder à une expertise dont il dresse procès-verbal sur l'imprimé n° 162, approprié à la circonstance (Circul. de sept. 1861).

Les frais d'expertise sont à la charge de la partie qui succombe, et, si c'est l'administration, ils sont compris dans la facture des frais d'exploitation de l'officier comptable ; s'il s'agit d'un corps, ils sont, avec l'autorisation de l'intendant, mis à la charge de la masse générale d'entretien.

RÉQUISITION EN CAS D'URGENCE. — Dans les cas d'urgence, le fonctionnaire qui a délivré l'ordre peut requérir le préposé de passer outre à l'enlèvement.

Cette réquisition, inscrite sur la lettre de voiture, fait cesser la responsabilité de la compagnie en ce qui touche le conditionnement (art. 13 du Traité et de l'Instruction).

Responsabilité DES COMPAGNIES. — Voyez *Pertes*.

DE L'EXPÉDITEUR. — Pour densité inférieure à la limite fixée. — Voyez *Pièces d'exécution.*

Du comptable transitaire. — Voyez *Expéditions outre-mer.*

Retard. — Pour les transports par eau à petite vitesse.— (Art. 21 du traité).

Si en cas d'événements de force majeure, le service est interrompu plus de quarante-huit heures, les compagnies doivent en informer l'administration qui pourvoit, s'il y a lieu, aux exigences du service (art. 30 du Traité).

Pénalité. — Les retards de remise à destination entraînent, sur le prix du transport, des retenues qui sont fixées par l'art. 63 du Traité.

En cas de retard pour les transports, à 5 et 6 centimes par tonne (§§ 3, 4, 5 de l'art. 56 du Traité), la remise des retenues encourues peut être faite par le Ministre, lorsque le service n'a pas souffert du retard (art. 63).

Mention sur les lettres de voiture. — Les expéditions arrivées dans ces conditions doivent être mentionnées sur les lettres de voiture et avis d'expédition (26 oct. 1861, p. 317).

Retenues. — Voyez *Retard*.

Souche. — Voyez *Mise en mouvement*.

Stère de recette. — L'expression *stère de recette* s'applique, dans la marine, aux bois destinés aux constructions navales; c'est la mesure nette des bois équarris, ou autrement dit, dégagés des écorces, croûtes, etc., formant déchet (Feuille de vérific. du 17 mai 1863).

Surtaxe. — Voyez *Bois; masses indivisibles; Pièces d'exécution; Transports particuliers.*

Tarif de remboursement. — SERVICE DES SUBSISTANCES. — (Dép. min. du 2 janv. 1863.)

Tarif des transports. — Voyez *Prix des transports.*

Transports entre Paris et Vincennes. — Pour les délais, *voyez* le 3e alinéa de l'art. 23 du Traité.

Transports exceptés par la guerre et la marine (art. 4 du Traité et de l'Instruction).

Transports outre-mer. — Voyez *Expéditions outre-mer.*

Transports par mer. — Les transports par mer sont proposés au Ministre quand il y a économie (art. 4 de l'Instruction).

Transports particuliers. — L'art. 2 du Traité réserve la faculté de faire transporter, aux clauses et conditions de ce traité, et à la charge, par les intéressés, d'acquitter directement le prix de transport à l'arrivée à destination (1) :

Objets a transporter. — 1° Les armes des gardes nationales que le département de l'Intérieur aura à faire transporter;

2° Les draps et fournitures à renvoyer en fabrique pour être réparés;

---

(1) L'agence générale n'a et ne doit avoir à connaître pour débiteur, dans les envois collectifs, que le corps expéditeur, qui peut seul, en se faisant délivrer l'ordre de transport, prendre une mesure administrative intérieure pour assurer la répartition des frais entre les intéressés. Les frais de transport doivent être acquittés par le conseil d'administration, lors de la livraison des colis, sauf à adresser ultérieurement au Ministre, par la voie hiérarchique, toute réclamation qu'il croirait pouvoir motiver (6 mars 1862, page 101).

3° Les bagages et objets mobiliers appartenant en propre aux officiers et employés militaires voyageant par ordre, ou au moins par suite d'une autorisation ministérielle, telle que l'obtention d'un congé ou la rentrée dans les foyers, par suite de réforme ou d'admission à la retraite.

EXCLUSION. — Ne peuvent faire partie des transports dont il s'agit :

Les denrées alimentaires de toute nature ;

Les pianos, bijoux, matières d'or ou d'argent, tableaux et autres objets que les arrêtés ministériels spéciaux à chaque compagnie, soumettent aux conditions de la déclaration préalable de la valeur, de la marche en grande vitesse ou de la taxe *ad valorem* (art. 2 de l'Instruction).

VOITURES. — Les voitures particulières, appartenant à des militaires ou marins, sont transportées sans réduction, c'est-à-dire au prix ordinaire du tarif. Le transport de ces voitures ne doit, dans aucun cas, être au compte de l'État (art. 20 de l'arrêté du 31 déc. 1859; 1re sem. 18 60, p. 63). — Voyez *Voitures*.

PIÈCES D'EXÉCUTION SPÉCIALES. — Les transports particuliers donnent lieu à l'établissement de pièces d'exécution spéciales sur papier jaune.

Les imprimés nécessaires sont remis à l'intéressé , sur la production de la demande n° 162 *ter* (art. 2 du Traité et de l'Instruction).

On suit la règle générale pour leur établissement. — Voyez *Mise en mouvement; Pièces d'exécution*.

Ils portent en tête la mention : que le prix de transport doit être payé directement par le destinataire (art. 11 du Traité).

AVIS D'EXPÉDITION. — L'avis d'expédition est conservé par l'expéditeur destinataire, comme récépissé du préposé des transports (art. 11 de l'Instruction).

REGISTRE H. — Ces transports ne figurent pas sur le registre H (dép. de l'Int. de la 1re division, du 1er janv. 1862).

REMISE ET LIVRAISON. — La faculté de remettre ou de livrer en gare n'est pas étendue aux transports particuliers (26 oct. 1861, p. 317).

PERTES, AVARIES. — Les pertes et avaries concernant ces transports sont constatées suivant les règles du droit commun, et le montant en est payé directement aux intéressés par les compagnies. L'administration n'intervient pas dans les contestations à ce sujet; elles sont du ressort des tribunaux (art. 37 du Traité).

MAGASINAGE. — Dans le cas où le matériel arriverait à destination avant le destinataire, il est emmagasiné, aux frais de la marchandise, après l'expiration des délais fixés pour l'enlèvement, le parcours et la livraison (art. 39 du Traité).

SURTAXE. — Les transports particuliers ne sont pas sujets à surtaxe, que le poids des colis soit ou non de 200 kilog. au mètre cube (Dép. min. du 28 fév. 1862).

Transports remboursables. — EFFETS A REMETTRE AU DOMAINE. — Les effets d'habillement réformés, expédiés au chef-lieu divisionnaire pour être vendus, sont transportés aux frais de l'administration des domaines, si la compagnie consent à s'en charger. On doit porter sur les pièces d'exécution l'annotation suivante à l'encre rouge :

« Transport d'effets dont les frais seront
« payés par l'administration des domaines
« et non par le département de la Guerre
« (Dép. min. du 22 mai 1835). »

EFFETS DE LA GENDARMERIE. — Les transports d'effets adressés par les fournisseurs aux compagnies de gendarmerie, quoique remboursables par la compagnie de la Seine (Circul. du 30 sept. 1861), sont considérés comme ordinaires et ordonnés sur formules bleues, en mentionnant toutefois, que ces transports sont remboursables.

Ils figurent au registre H, et au relevé mensuel (Dép. de l'intendance de la 1re division du 1er janv. 1862).

Transports réservés (art. 3 du Traité et de l'Instruction).

EMPÊCHEMENT OU IMPOSSIBILITÉ DES COMPAGNIES. — En cas d'empêchement des compagnies, par force majeure, ou d'impossibilité déclarée, *voyez* les art. 30 et 31 du Traité.

RÉQUISITION. — MAXIMA. — Lorsque les besoins du service nécessitent, pour le camionnage ainsi que pour les transports par terre et par eau, des transports journaliers dépassant les maxima déterminés par les art. 24 et 25 du traité, le préposé est requis d'y pourvoir, et, sur son refus, l'administration de la Guerre demeure libre du choix des moyens pour toutes les quantités dont les compagnies déclareraient ne pouvoir assurer le transport.

Le matériel dont le département de la Guerre effectuerait, par les moyens militaires, le camionnage ou le transport sur les voies de terre et d'eau, n'est pas compris dans les limites maxima. Mention de cette circonstance est faite sur la lettre de voiture ainsi que sur le récépissé à l'arrivée (art. 26 du Traité). — Voyez *Lits militaires; Marchés d'urgence.*

Troupe voyageant en chemin de fer. — Voyez *Gros bagages.*

Vincennes. — Voyez *Gare de Charonne;* et pour les délais, l'art. 23 du Traité, 3e alinéa.

Visa. — REGISTRE H. — Le registre H, tenu par les corps et établissements, est soumis, chaque mois, au visa du sous-intendant militaire, à qui il est produit en même temps que l'extrait mensuel (20 nov. 1861, p. 339).

RÉCÉPISSÉS. — Les récépissés du matériel doivent être soumis, dans les vingt-quatre heures de la réception des colis, au visa du contrôle qui inscrit l'arrivée sur son registre H (art. 32 de l'instruction, 10 déc. 1861, p. 364).

Le premier récépissé est seul daté et visé par le fonctionnaire chargé des transports dans le lieu de destination. La décharge définitive donnée par le destinataire après la reconnaissance du matériel, n'est plus visée qu'en cas de pertes ou avaries. Ce deuxième visa est donné par le sous-intendant militaire chargé de la surveillance administrative, afin qu'il puisse rapporter, en temps utile, les procès-verbaux (Feuille de vérific. du 20 juin 1863). — Voyez *Fractionnement de lettres de voiture; Livraisons partielles.*

Vitesse. — 1° GRANDE VITESSE. — La grande vitesse ne peut être prescrite que par ordre ministériel spécial, qui doit être spécifié sur la lettre de voiture (18 oct. 1861, p. 316).

On doit aussi, pour cette vitesse, mentionner l'heure à laquelle le matériel a été remis au préposé et celle à laquelle il a été remis à destination (10 déc. 1861, p. 364, § 5).

2° VITESSE ACCÉLÉRÉE. — La vitesse accélérée n'est ordonnée que sur l'ordre du Ministre. Toutefois, dans les cas d'extrême urgence et exceptionnels, les intendants peuvent la prescrire, à la charge d'en rendre compte au Ministre immédiatement.

La lettre de voiture doit toujours spécifier la date de la décision ministérielle, ou être revêtue d'une annotation, certifiant la nécessité du transport par vitesse accélérée (art. 6, §§ 2 et 3 du Traité; 17 oct. 1861, p. 316).

EXCEPTION POUR LES COLIS ISOLÉS, DE 0 A 19 KILOG. — Par exception aux principes qui précèdent, la vitesse accélérée est toujours employée pour les transports d'un poids brut, inférieur à 20 kilog. (art. 55 de l'Instruction).

COLIS DE 20 KILOG. — Les transports de 20 kilog., doivent être expédiés à petite vitesse (Déc. min. man. du 8 juill. 1862).

POUDRE TOUJOURS EN PETITE VITESSE. — La poudre expédiée par chemin de fer, l'est toujours par petite vitesse, quel que soit le poids minime transporté (art. 56 du Traité, 51 de l'Instruction; 19 déc. 1863, p. 398).

Observer que la prescription de la vitesse accélérée, pour les transports de poudre par chemin de fer, nécessiterait un train spécial, coûtant au minimum 10 francs par kilomètre (art. 50 et 51 du Traité).

POUDRE PAR TERRE. — Sur les routes ordinaires, la vitesse accélérée pourra être prescrite, mais dans les circonstances exceptionnelles seulement et à la charge d'en rendre compte au Ministre (art. 51 de l'Instruction).

3° PETITE VITESSE. — La petite vitesse est celle qui s'emploie pour les colis de 20 kilog. et au-dessus, sauf dans les cas exceptionnels indiqués ci-dessus.

On ne doit pas se servir de l'expression : *ordinaire*, pour celle : *petite;* l'art. 6 du traité, ne comportant que la petite vitesse et la vitesse accélérée, ces termes doivent seuls être employés (Feuille de vérific. du 27 nov. 1861).

Voitures. — Les voitures des cantinières et véhicules d'une troupe transportée par les voies ferrées continuent à voyager par réquisition (art. 4 de l'Instruction).

Pour les voitures particulières, voyez *Transports particuliers.*

FIN.

4.

TABLE DES MATIÈRES.

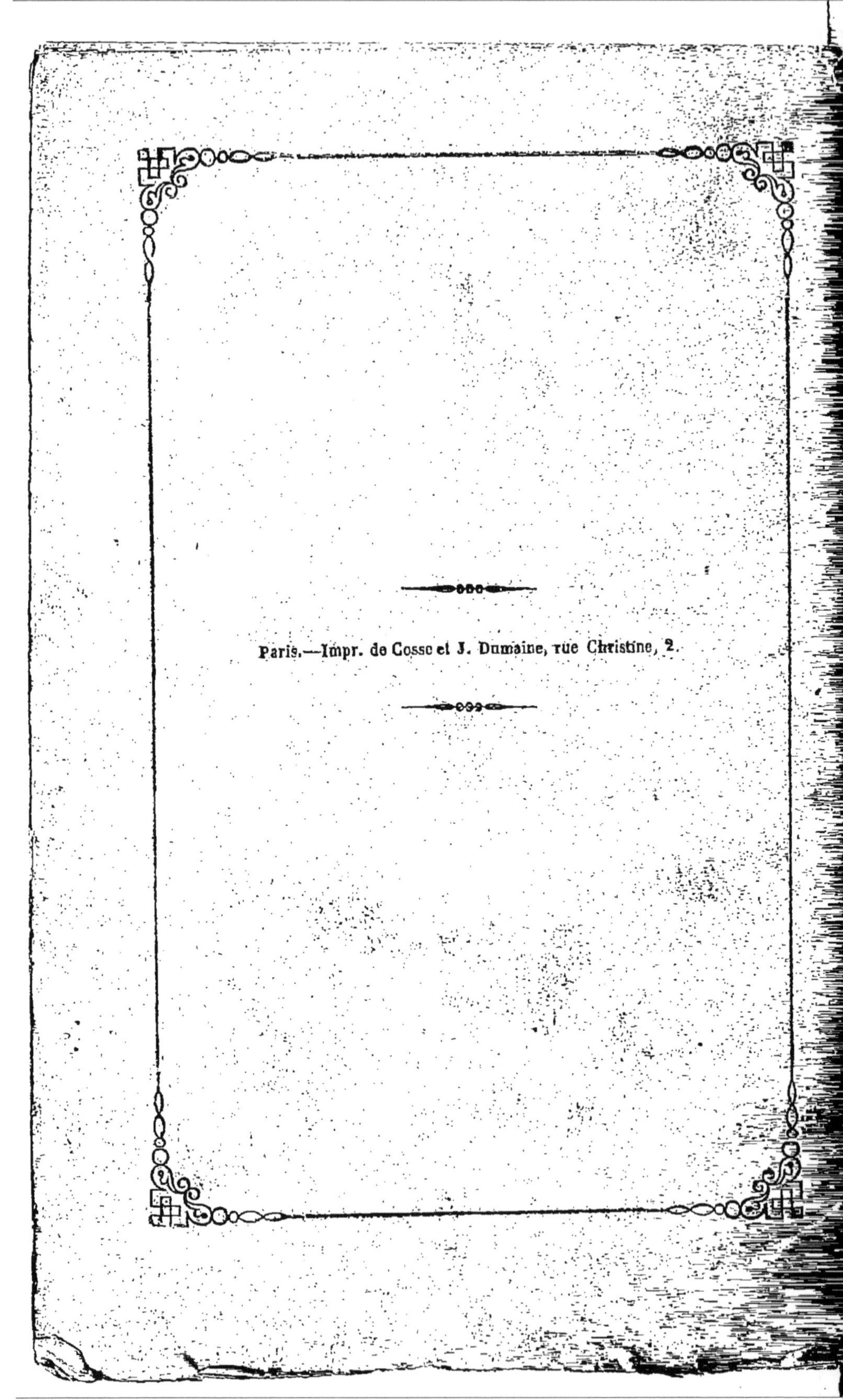

Paris.—Impr. de Cosse et J. Dumaine, rue Christine, 2.

www.ingramcontent.com/pod-product-compliance
Ingram Content Group UK Ltd.
Pitfield, Milton Keynes, MK11 3LW, UK
UKHW020027100726
13658UKWH00003B/1160